CHENG CHUNG
BOOK CO., LTD.

CHENG CHUNG

BOOK CO., LTD.

新版 實用
視聽華語

教師手冊

PRACTICAL AUDIO-VISUAL
CHINESE
TEACHER'S MANUAL
2ND EDITION

1

主 編 者◆國立臺灣師範大學
編輯委員◆王淑美・盧翠英・陳夜寧
策 劃 者◆教育部

編輯大意

　　本教材為培養初學中文者聽、說、讀、寫能力，並配合每週教授中文五小時之一般美國大學而設計。全書共分十二課，供半年使用。而本書之字、詞視需要以國語注音符號、通用拼音及漢語拼音三種方式依狀況搭配標注，拼音呈現方式為：如列出兩種拼音，前者為通用拼音，後者為漢語拼音；只列一種者，即兩種拼音之拼法相同。

　　全書製有語音輔助教具，每課十分鐘，課前收聽，以期引起學生學習興趣，輕鬆進入華人生活情境。

　　課程設計以語法句型為骨幹，配以華人日常生活用語，以期達到實學實用目標。每課後的練習(APPLICATION ACTIVITIES)部分，老師可視學生數量斟酌採用。書中用語以全球華人普遍使用者為主，老師可因需要，補充某地區較特殊的習慣用語。並備有作業簿，便利學生課後習作。

　　本手冊共分教學重點與測驗參考題兩大部分：教學重點中列有教具、教法，供老師參考；測驗部分有聽力、書寫兩方面。聽力部分，試題不應出現在學生考卷上，老師以正常速度讀出各試題後，學生將答案寫下；書寫部分有填空、重組、辨字、選擇、問答等，老師可依照各班實際情況補充其他項目，並增加口試部分，以每課或數課一次方式，測驗學習成果。

目　錄

發　音

❀ 語音部位圖

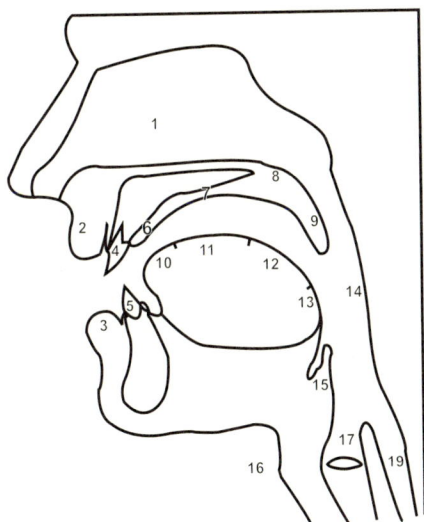

1. 鼻腔　　2. 上脣　　3. 下脣　　　4. 上齒　　5. 下齒　　　6. 上齒齦
7. 硬顎　　8. 軟顎　　9. 小舌　　　10. 舌尖　　11. 舌面前　12. 舌面後
13. 舌根　　14. 咽頭　　15. 會厭軟骨　16. 喉頭　　17. 聲帶（中為聲門）
18. 氣管　　19. 食道

本教材發音部分並列注音符號、通用拼音、漢語拼音（通用拼音在前或在上，漢語拼音在後或在下，如二者同只列一），共分六個單元，前三個單元介紹聲母、韻母、上聲變調、輕聲、兒化韻及拼法，原則上每單元用三小時，可依各實際需要增減。後三個單元以數字、錢數、時間、人稱等的說法練習簡單的中國話，原則上每單元用兩小時練習。

為提高學生學習興趣及避免學生對中國話的發音產生畏懼感，本教材發音部分僅配合實用的日常生活用語作練習，不作理論上的說明。

❀ 日常用語及發音練習 I

1. 日常用語

   介紹並練習簡單的招呼用語「早」「您好」。

2. 配合聲調圖　　　　介紹中國話的四聲，並舉例說明其重要性。

   (1) 作辨別四聲的聽力練習。初學者對二聲及三聲尚有辨別上的困難。

   (2) 作複述練習。

   (3) 作聲調組合練習，如：——，—╱，—∨，—╲，╱—，╱╱，╱∨，╱╲，╲—，╲╱，╲∨，╲╲。

3. 拼音練習

   (1) 介紹韻母 a，-i，-u，ai，-ei，ao，ou，e，en，an，-eng，ang，-ong，配合聲母 b-，p-，m-，f-，d-，t-，n-，l-，g-，k-，h-，用卡片作拼音練習。學生對 -u，-ong 及 e，-en，-eng 的發音不易掌握，宜多作練習。

   (2) 介紹聲母 zi (z-)，ci (c-)，si (s-)，配合已學之韻母，用卡片作拼音練習。學生對這些發音不易掌握，宜作 z-，c-，s- 的對比練習。

   (3) 以實物或圖片練習發音，並使學生熟悉一些名詞。

4. 說明上（三）聲變調的規則並練習

   當兩個上（三）聲連續出現時，在前面的上（三）聲應讀成「後半上」，如：很好→很好，但此規則不能跨越詞語使用，如：我想寫字不難→我想寫字不難，在詞語間若稍有停頓，則在前面的

上（三）聲不需讀成「後半上」。當三個或三個以上的上（三）聲連續出現時，變調情形需視詞語及內容而定。

如：很好→我很好，或我很好

　　總統好→總統好

　　好總統→好總統

此外，上（三）聲若非單獨出現或出現於句尾時，應只讀「前半上」。而非「全上」，此點應多加練習，以免日後養成不正確的習慣。

5. 再練習日常用語 I 的招呼用語，並力求其發音及聲調正確自然。

❀ 發音對比練習（供參考）

1. 聲調的對比練習

lā, lá	lā, lǎ	lā, là
nī, ní	nī, nǐ	nī, nì
hū, hú	hū, hǔ	hū, hù
fēi, féi	fēi, fěi	fēi, fèi
māi, mái	māi, mǎi	māi, mài
má, mā	má, mǎ	má, mà
lí, lī	lí, lǐ	lí, lì
nú, nū	nú, nǔ	nú, nù
féi, fēi	féi, fěi	féi, fèi
háo, hāo	háo, hǎo	háo, hào
nǎ, nā	nǎ, ná	nǎ, nà

mǐ, mī	mǐ, mí	mǐ, mì
lǔ, lū	lǔ, lú	lǔ, lù
fěi, fēi	fěi, féi	fěi, fèi
hǎo, hāo	hǎo, háo	hǎo, hào

fà, fā	fà, fǎ	fà, fǎ
lì, lī	lì, lí	lì, lǐ
mù, mū	mù, mú	mù, mǔ
hōu, hóu	hōu, hǒu	hōu, hòu
nào, nāo	nào, náo	nào, nǎo

2. -en 與 -an, -ong/-eng 與 -ang 的對比練習

gēn, gān	gān, gēn	gēng, gāng	gāng, gēng
hén, hán	hán, hén	héng, háng	háng, héng
mén, mán	mán, mén	méng, máng	máng, méng
fèn, fàn	fàn, fèn	fòng/fèng, fàng	fàng, fòng/fèng

3. -eng 與 -ong, -ang 與 -ong 的對比練習

dēng, dōng	dōng, dēng	dāng, dōng	dōng, dāng
héng, hóng	hóng, héng	háng, hóng	hóng, háng
gèng, gòng	gòng, gèng	gàng, gòng	gòng, gàng
kēng, kōng	kōng, kēng	kāng, kōng	kōng, kāng

4. zih/zi, cih/ci, sih/si 與 ze, ce, se 的對比練習

zìh/zì, zé	zé, zìh/zì
cìh/cì, cè	cè, cìh/cì
sìh/sì, se	se, sìh/sì

5. z- 與 c- 的對比練習

zìh/zì, cìh/cì	cìh/cì, zìh/zì

zū, cū　　　　　　　　　　cū, zū

zǎo, cǎo　　　　　　　　　cǎo, zǎo

zāng, cāng　　　　　　　　cāng, zāng

6. s- 與 c- 的對比練習

sìh/sì, cìh/cì　　　　　　　cìh/cì, sìh/sì

sān, cān　　　　　　　　　cān, sān

sài, cài　　　　　　　　　cài, sài

sōng, cōng　　　　　　　　cōng, sōng

7. z- 與 s- 的對比練習

zìh/zì, sìh/sì　　　　　　　sìh/sì, zìh/zì

zōu, sōu　　　　　　　　　sōu, zōu

zēng, sēng　　　　　　　　sēng, zēng

zōng, sōng　　　　　　　　sōng, zōng

✤ 日常用語及發音練習 II

1. 日常用語

　　介紹並練習「謝謝」、「對不起」、「再見」等日常用語。

2. 拼音練習

　　(1) 用卡片介紹 w-，wu 及結合韻母 wa, wo, wai, wei, wan, wen, wang, wong/weng。

　　(2) 用卡片作聲母 b-, p-, m-, f-, d-, t-, n-, l-, g-, k-, h-, z-, c-, s- 與結合韻母 wa, wo, wai, wei, wan, -un, wang 作拼音練習。

　　　　學生對 -wo 與 -ou, -wan 與 -un 的發音較不易掌握，宜多作對比練習。

　　(3) 介紹聲母 rih/ri (r-), jhih/zhi (jh-/zh-), chih/chi (ch-), shih/shi (sh-)，配合已學之韻母，用卡片作拼音練習。

r- 的發音對學生較難，除說明發音部位外，應提醒他們在發此音時是否圓唇需視後面的韻母而定，如發 ru 音時圓唇，但發 re 音時則否。宜特別練習 re, rou, ran, ren, reng, ran, rang 並與 jh-/zh-, ch-, sh- 作對比練習。

(4) 以實物或圖片練習發音，並使學生熟悉一些名詞。

(5) 用卡片介紹 y-, yi 及結合韻母 ya, ye, yao, you, yan, yang, -in, -ing。 學生對 yan 及 yin (-in) 的發音較不易掌握，宜多加練習。

(6) 介紹聲母 ji (ji-/j-), ci/qi (ci-/q-), si/xi (si-/x-)，配合上項韻母，用卡片作拼音練習。用圖片說明 zih/zi, cih/ci, sih/si, jhih/zhi, chih/chi, shih/shi, rih/ri 與 ji, ci/qi, si/xi 發音部位的不同，並多作對比練習，如：jhao/zhao, chao, shao 與 jiao, ciao/qiao, siao/xiao 的對比。

(7) 以實物或圖片練習發音，並使學生熟悉一些名詞。

3. 輕聲

(1) 介紹中國話的輕聲，舉例說明其音高並作練習。

輕聲的音高得隨著前一個重音的聲調而有所變更，如下圖所示：

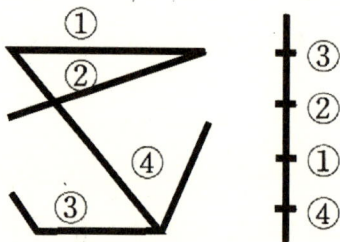

(2) 以實物或圖片練習含輕聲的名詞，使學生熟悉之。

4. 再練習日常用語Ⅱ的客氣話，力求其發音及聲調正確自然。

❀ 發音對比練習（供參考）

1. 含 -u- 與不含 u 音節的對比練習

hēi, huēi/huī	huēi/huī, hēi
gài, guài	guài, gài
lán, luán	luán, lán
kěn, kǔn	kǔn, kěn
gāng, guāng	guāng, gāng

2. w- 與 hu- 的對比練習

wā, huā	huā, wā
wǒ, huǒ	huǒ, wǒ
wéi, huéi/huí	huéi/huí, wéi
wài, huài	huài, wài
wūn/wēn, hūn	hūn, wūn/wēn
wān, huān	huān, wān
wáng, huáng	huáng, wáng

3. ou 與 wo 的對比練習

u, wō	wō, ōu
dōu, duō	duō, dōu
gòu, guò	guò, gòu
hóu, huó	huó, hóu
zǒu, zuǒ	zuǒ, zǒu
còu, cuò	cuò, còu
sōu, suō	suō, sōu

4. wan 與 wen (-un) 的對比練習

wān, wēn	wēn, wān
guǎn, gǔn	gǔn, guǎn

kuān, kūn	kūn, kuān
huān, hūn	hūn, huān
suān, sūn	sūn, suān
zuān, zūn	zūn, zuān
cuàn, cùn	cùn, cuàn

5. wang (-uang) 與 weng (-ong) 的對比練習

wāng, wōng/wēng	wōng/wēng, wāng
guàng, gòng	gòng, guàng
kuāng, kōng	kōng, kuāng
huáng, hóng	hóng, huáng

6. 含 r- 的音節圓唇與不圓唇的對比練習

rìh/rì, rù	rù, rìh/rì
ròu, ruò	ruò, ròu
rèn, rùn	rùn, rèn
rǎn, ruǎn	ruǎn, rǎn
réng, róng	róng, réng
rè, ruò	ruò, rè

7. jh-/zh- 與 z-, ch- 與 c-, sh- 與 s- 的對比練習

jhá/zhá, zá	zá, jhá/zhá
jhěn/zhěn, zěn	zěn, jhěn/zhěn
jhōng/zhōng, zōng	zōng, jhōng/zhōng
chū, cū	cū, chū
chéng, céng	céng, chéng
chuàn, cuàn	cuàn, chuàn
shǎo, sǎo	sǎo, shǎo
shàng, sàng	sàng, shàng
shuèi/shuì, suì	suì, shuèi/shuì

8. jhih/zhi 與 jhe/zhe, chih/chi 與 che, shih/shi 與 she 的對比練習

    jhìh/zhì, zhè   zhè, jhìh/zhì

    chīh/chī, chē   chē, chīh/chī

    shíh/shí, shé   shé, shí/shíh

9. 含 y (-i-) 與不含 y (-i-) 音節的對比練習

ā, yā	yā, ā
lǎ, liǎ	liǎ, lǎ
āo, yāo	yāo, āo
bǎo, biǎo	biǎo, bǎo
ōu, yōu	yōu, ōu
dōu, diōu/diū	diōu/diū, dōu
áng, yáng	yáng, áng
làng, liàng	liàng, làng

10. an 與 yan (-ian) 的對比練習

ān, yān	yān, ān
bān, biān	biān, bān
pán, pián	pián, pán
dàn, diàn	diàn, dàn

11. you (-iu) 與 yao (-iao) 的對比練習

yōu, yāo	yāo, yōu
lióu/liú, liáo	liáo, lióu/liú
diōu/diū, diāo	diāo, diōu/diū
niǒu/niǔ, niǎo	niǎo, niǒu/niǔ

12. yin (-in) 與 yan (-ian) 的對比練習

yīn, yān	yān, yīn
bīn, biān	biān, bīn

pín, pián   pián, pín

lín, lián   lián, lín

mǐn, miǎn   miǎn, mǐn

nín, nián   nián, nín

13. jh-/zh- 與 ji, ch- 與 ci-/q-, sh- 與 si-/x- 的對比練習

jhīh/zhī, jī   jī, jhīh/zhī

chīh/chī, cī/qī   cī/qī, chīh/chī

shīh/shī, sī/xī   sī/xī, shīh/shī

jhā/zhā, jiā   jiā, jhā/zhā

chā, ciā/qiā   ciā/qiā, chā

shā, siā/xiā   siā/xiā, shā

jhè/zhè, jiè   jiè, jhè/zhè

chē, ciē/qiē   ciē/qiē, chē

shé, sié/xié   sié/xié, shé

jhào/zhào, jiào   jiào, jhào/zhào

cháo, ciáo/qiáo   ciáo/qiáo, cháo

shǎo, siǎo/xiǎo   siǎo/xiǎo, shǎo

jhōu/zhōu, jiōu/jiū   jiōu/jiū, jhōu/zhōu

chóu, cióu/qiú   cióu/qiú, chóu

shōu, siōu/xiū   siōu/xiū, shōu

jhàn/zhàn, jiàn   jiàn, jhàn/zhàn

chán, cián/qián   cián/qián, chán

shān, siān/xiān   siān/xiān, shān

jhāng/zhāng, jiāng   jiāng, jhāng/zhāng

cháng, ciáng/qiáng   ciáng/qiáng, cháng

shàng, siàng/xiàng   siàng/xiàng, shàng

14. z- 與 ji-, c- 與 ci-/q-, s- 與 si-/x- 的對比練習

zīh/zī, jī	jī, zīh/zī
cīh/cī, cī/qī	cī/qī, cīh/cī
sīh/sī, sī/xī	sī/xī, sīh/sī
zá, jiá	jiá, zá
cā, ciā/qiā	ciā/qiā, cā
sā, siā/xiā	siā/xiā, sā
zǎo, jiǎo	jiǎo, zǎo
cǎo, ciǎo/qiǎo	ciǎo/qiǎo, cǎo
sǎo, siǎo/xiǎo	siǎo/xiǎo, sǎo
zǒu, jiǒu/jiǔ	jiǒu/jiǔ, zǒu
sōu, siōu/xiū	siōu/xiū, sōu
zàn, jiàn	jiàn, zàn
cān, ciān/qiān	ciān/qiān, cān
sān, siān/xiān	siān/xiān, sān
zāng, jiāng	jiāng, zāng
cáng, ciáng/qiáng	ciáng/qiáng, cáng
sāng, siāng/xiāng	siāng/xiāng, sāng

❀ 日常用語及發音練習 Ⅲ

1. 日常用語

利用學生在校園常去的地方練習「在哪兒？」、「到哪兒去？」的會話。依實際情況可酌加其他地點。

2. 拼音練習

(1) 用卡片介紹 yu, yue, yun, yuan, yong 並與 l, n, ji-/j-, ci-/q-, si-/x- 等聲母作拼音練習。

初學者發 yu 音時常不正確，可作 yi（展唇）與 yu（圓唇），

ye 與 yue 等的對比練習。

學生發 yu 音時常先展唇再圓唇而發出如英語中「you」的音，應注意改正。

(2) 以實物或圖片練習發音，並使學生熟悉一些名詞。

3. 儿化韻

(1) 介紹並練習儿化韻尾的發音及拼法。

詞尾韻母為 ai, ei, in, en, an, un 時，儿化韻應為 ar, er, ir, er, ar, ur。

(2) 以實物或圖片練習發音，並使學生熟悉一些名詞。

發音對比練習（供參考）

1. yi (-i) 與 yu (-yu/-ü) 的對比練習

yī, yū	yū, yī
lì, lyù/lǜ	lyù/lǜ, lì
nǐ, nǔ/nǚ	nǔ/nǚ, nǐ
jī, jū	jū, jī
cī/qī, cyū/qū	cyū/qū, cī/qī
sī/xī, syū/xū	syū/xū, sī/xī

2. wu (-u) 與 yu (-yu/-ü) 的對比練習

wú, yú	yú, wú
lù, lyù/lǜ	lyù/lǜ, lù
nǐ, nyǔ/nǚ	nyǔ/nǚ, nǐ
jhù/zhù, jù	jù, jhù/zhù
chū, cyū/qū	cyū/qū, chū
shù, syù/xù	syù/xù, shù

3. yin (-in) 與 yun(-yun/-ün) 的對比練習

yīn, yūn   yūn, yīn

jīn, jūn   jūn, jīn

cín/qín, cyún/qún   cyún/qún, cín/qín

sìn/xìn, syùn/xùn   syùn/xùn, sìn/xìn

4. ye (-ie) 與 yue (-yue/-üe) 的對比練習

yē, yuē   yuē, yē

liè, lyuè/luè   lyuè/luè, liè

niè, nyuè/nuè   nyuè/nuè, niè

jié, jyué/jué   jyué/jué, jié

ciē/qiē, cyuē/quē   cyuē/quē, ciē/qiē

sié/xié, syué/xué   syué/xué, sié/xié

5. yan (-ian) 與 yuan(-yuan/-üan) 的對比練習

yān, yuān   yuān, yān

jiān, jyuān/juān   jyuān/juān, jiān

cián/qián, cyuán/quán   cyuán/quán, cián/qián

siǎn/xiǎn, syuǎn/xuǎn   syuǎn/xuǎn, siǎn/xiǎn

6. -un 與 -yun/-ün 的對比練習

zhūn, jyūn/jūn   jyūn/jūn, zhūn

chún, cyún/qún   cyún/qún, chún

shùn, syùn/xùn   syùn/xùn, shùn

7. wan (-uan) 與 yuan(-yuan/-üan) 的對比練習

wān, yuān   yuān, wān

luán, lyuán/lüán   lyuán/lüán, luán

jhuān/zhuān, jyuān/juān   jyuān/juān, jhuān/zhuān

chuán, cyuán/quán   cyuán/quán, chuán

❀ 日常用語Ⅳ

1. 練習數字一至九十九及錢數。

(1) 先練習數字一至十，逐字練習，務求發音及聲調正確，然後以幾個數字為一組練習，如：1，2，3；4，5，6，逐漸加長，最後能流利而發音正確地從一數到十。

(2) 練習數字十一至九十九，隨時改正學生發音，有些數字如四十四等較為拗口，宜多加練習。

(3) 老師在黑板上寫數字並問「多少？」，要求學生能立即流利而發音正確地回答。

(4) 以美金一元、五角、兩角五分、一角、五分等錢幣，介紹並練習「塊」「毛」「分」等幣值。

(5) 老師在黑板上寫出錢數或展示錢幣實物，同時問學生「多少錢？」，要求學生立即回答，並隨時改正其發音的錯誤。

2. 練習鐘錶時間、星期及常用的時間副詞，如今天、早上等。

(1) 介紹時間單位「點」「分」，並以玩具鐘練習，老師每撥一時間，同時問「幾點鐘？」，要求學生立即回答，隨時改正其發音的錯誤。

(2) 用月曆介紹禮拜天到禮拜六，並以重要節日問學生「禮拜幾？」要求學生立即回答。

(3) 介紹並練習常用的時間副詞「昨天」「今天」「明天」「現在」「早上」「中午」「下午」「晚上」，藉此等有意義的字練習發音。

❀ 日常用語Ⅴ

1. 利用兩張圖片（一為風景圖片，包括山、樹、房子、雲、鳥、人等。一為室內靜物圖片，包括桌子、椅子、書、杯子、筆等）練

習「這／那是 N」句型，並複習前面所學有意義的詞彙。

(1) 練習時不需說明語法。

(2) 依實際需要可酌量增減詞彙。

2. 利用兩張圖片（一為動物圖片，包括馬、狗、貓、雞、鳥、魚
等；一為餐具圖片，包括盤子、碗、湯匙、筷子等）練習「這／
那叫 N」句型，並複習前面所學有意義的詞彙。

(1) 依實際需要可增加西式餐具，如刀、叉等詞彙。

(2) 要求學生在上課時就能說出四張圖片上的內容，並能以漢語
拼音拼出。

❀ 日常用語 VI

1. 利用蘋果、西瓜、橘子、葡萄等水果，及咖啡、紅茶、可樂、果
汁等飲料的圖片或實物，配合常用的動詞「有」、「要」、「喜
歡」、「吃」、「喝」等練習「嗎」問句。「V 不 V」問句及疑
問詞問句。

(1) 先以「這是什麼？」複習水果及飲料名。

(2) 將水果或飲料給不同學生後，問學生「你有 N 嗎？」學生回
答「我有 N」或「我沒有 N」。

(3) 再問學生「誰有 N？」，學生回答「PN 有 N」，練習時可複
習前面所學名詞，如書、筆等。

(4) 再問學生「你有什麼？」，學生回答「我有 N」。

(5) 問學生「你要不要 N？」，學生回答「我要／不要 N」。

(6) 比較「要不要」「有沒有」，略作解釋後練習。

(7) 問學生「你要什麼？」或「你有什麼？」，學生回答「我要
／有 N」。

(8) 問學生「你要喝／吃什麼？」，學生回答「我要喝／吃 N」。

(9) 問學生「你喜歡吃／喝什麼？」，學生回答「我喜歡吃／喝 N」。

(10) 綜合所學句型及詞彙練習。

(11) 練習時應隨時改正學生發音的錯誤。

第一課　您貴姓？

❀ 教學重點

1. 介紹中文「姓氏＋稱謂」的特點，及「貴姓」的禮貌問法，需提醒學生回答時不可自稱「貴」。也可連帶介紹「貴國」的用法。

2. 介紹代名詞「你」及「您」的用法。

3. 介紹國籍的說法。可利用地圖輔助。

4. 練習「你好」、「您好」，可讓學生彼此打招呼。

5. 利用本課生詞練習「不」的變調，例如：「不好」、「不是」。

6. Sentences with Verbs「姓」、「叫」、「是」
   介紹 verb「姓」、「叫」、「是」的用法，以問答及自我介紹的方式練習，並講解中國人姓名的排列原則。

7. 介紹 simple type question（with 嗎），question word question, abbreviated question with the particle 呢，說明兩者不同，並做問答練習（師生及學生互問）。

❀ 測驗題參考

Ⅰ、聽力測驗

1. 他叫張大衛。

   問題：他姓什麼？

2. 他不是美國人，他是英國人。

   問題：他是哪國人？

1

3. 他姓＿＿＿＿。她姓＿＿＿＿。（指一男一女學生）

   問題：誰是＿＿＿＿先生？（手指那位男學生）

4. 我姓趙，叫愛美。

   問題：我叫什麼名字？

5. 他姓王，他是中國人。

   問題：他是美國人嗎？

Ⅱ、聽音寫出四聲

1. 您貴姓？

2. 美國人。

3. 你是誰？

4. 他不好。

5. 我叫趙珍妮。

Ⅲ、問答

1. 您好。

2. 您貴姓？

3. 你叫什麼名字？

4. 你是哪國人？

5. 他是誰？（指另一學生問之）

第二課 早，您好

❀ 教學重點

1. 練習中文最普通的招呼用語及稱謂。

2. 介紹 stative Verb 的特性。

3. Simple sentences with Stative Verbs

   介紹以 stative verb 作稱謂語的簡單句及副詞在句中的位置，以視圖問答方式練習。也可以代換方式反覆練習。

4. Stative Verb-not-Stative Verb Questions

   介紹以 stative verb 作稱謂語的 SV 不 SV 形式問題，視圖問答練習之，並可與第一課中所學的問句形式轉換練習，熟練後可分組進行簡單會話。

❀ 測驗題參考

Ⅰ、聽力測驗

1. 他們不好，我很好。

   問題：誰很好？

2. 你們很忙，他們不忙。

   問題：你們忙嗎？

3. 王先生很好，王太太也很好。

   問題：王太太好不好？

3

4. 我不冷，也不熱。

　　問題：我冷不冷？

5. 李先生很忙，李太太也很忙，李小姐不太忙。

　　問題：誰忙？

II、選出四聲正確的句子（老師唸三次，其中一次四聲正確）

1. Ni hao a？　　(1)　(2)　(3)⋯⋯⋯⋯⋯⋯⋯⋯⋯⋯⋯（　　）

2. Xiexie ni。　　(1)　(2)　(3)⋯⋯⋯⋯⋯⋯⋯⋯⋯⋯⋯（　　）

3. Wo hen mang。(1)　(2)　(3)⋯⋯⋯⋯⋯⋯⋯⋯⋯⋯⋯（　　）

4. Zaijian。　　　(1)　(2)　(3)⋯⋯⋯⋯⋯⋯⋯⋯⋯⋯⋯（　　）

5. Ta bu leng。　(1)　(2)　(3)⋯⋯⋯⋯⋯⋯⋯⋯⋯⋯⋯（　　）

III、問答

1. 你們忙嗎？

2. 我不冷，你呢？

3. 我很熱，誰不熱？

4. 王先生忙，王太太忙不忙？

5. 你們很好，他們呢？

第三課　我喜歡看電影

✿ 教學重點

1. 介紹「看、要、買、喜歡」等動詞的基本用法，使學生在商店、餐飲店等場所，能做簡單的會話。

2. 「Subject-Verb-Object」Sentences

   以複述及代換方式練習動詞為「看、要、買、喜歡」的肯定句與否定句，再以同樣方式練習動詞為「有」，否定時為「沒有」的句子，待熟練後再混合練習，練習時可配合實物及動作。

   應特別注意「有」與「要」的練習，避免學生混淆。

3. Verb-not-Verb Questions

   介紹此種句型的兩種形式，一為「S V Neg-V O」；一為「S V O Neg-V」。

   可與 simple type question（with 嗎）一起做代換及轉換練習，並分組進行簡單會話。

4. Sentences with the Auxiliary Verbs

   介紹在句子中 auxiliary verb 的位置，並練習肯定句、否定句及不同形式的問句。

5. Transposed Objects

   說明通常在何種情況下用此一句型，可以複述、代換及問答方式練習。

6. 介紹副詞「都」的用法
   (1) 強調「都」為副詞，不可直接置於名詞前，例如：應說「我們都……」，而不可說「都我們……」。
   (2) 比較「不都」，「都不」的區別。
   (3) 如果「都」所指為句中的賓語時，必需將賓語移至句首，例如：「書，我都喜歡。」不可說成「我都喜歡書」。
7. 提醒學生「中文」、「英文」與「中國」、「英國」在意義上的不同，以避免出現「中文汽車」等錯誤。
8. 在疑問句中用「呢」，總有一定的上文，即「呢」不能出現在毫無背景、前提的問句中。例如：

   A：你有沒有筆？ B：沒有。你有沒有呢？
9. 可用地圖介紹國名，以實物及圖片介紹「電視」、「書」、「報」及「汽車」。

測驗題參考

I 、聽力測驗

1. 我看中國電影，也看英國電影。

   問題：我看不看中國電影？
2. 我有中文書，可是沒有中文報；他有中文報，可是沒有中文書。

   問題：誰有中文報？
3. 我喜歡英國車，可是英國車太貴；我買美國車，美國車不太貴。

   問題：我買不買英國車？
4. 英文報、中文報，他們都有；可是我要買法文報，他們沒有。

   問題：他們有什麼報？

5. 法國東西好看，可是貴；中國東西好看，也不貴。

問題：法國東西貴不貴？

Ⅱ、把字或詞插入句中正確的位置

1. 都：(1) 王小姐，李小姐 (2)張小姐 (3)很好 (4)。………（　　）

2. 不都：(1) 他們 (2)喜歡 (3)中國 (4)東西。…………（　　）

3. 都：(1) 中文書、英文書 (2)我 (3)沒有 (4)。………（　　）

4. 什麼報：我有中文報，(1) 你 (2)要 (3)買 (4)？…………（　　）

5. 也：中國電影，我看，(1) 美國電影，(2)我 (3)看 (4)。（　　）

Ⅲ、填空

1. 他要買＿＿＿＿＿＿ (pen)。

2. 我喜歡＿＿＿＿＿＿ (read) 書。

3. 德國汽車＿＿＿＿＿＿ (expensive)。

4. 我喜歡看電影，＿＿＿＿＿＿ (but) 不喜歡看電視。

第四課　這枝筆多少錢？

✤ 教學重點

1. 介紹數字的用法，使學生於購物時，可詢問價錢。

2. 練習從零到九十九的數字

先練習零到十，複述練習加以手勢表現後，利用字卡，使學生迅速說出，並可請學生說出他們的電話號碼，練習應注意隨時改正學生的發音及聲調。待熟練後，再以複述、輪說等方式，並配合黑板練習十一到九十九，做簡單聽寫，再由學生讀出答案。

3. Quantified Nouns

介紹中文常用的 measure words「個」、「枝」、「本」等，並以實物及圖片練習 Nu-M-N 結構，再用問答（師生或學生互問）方式練習句子。

4. Sums of Money

介紹「塊」、「毛」、「分」，並利用實物練習錢數的說法，加深學生的印象。待熟練後，再介紹並練習省略最後面 measure word 及錢的說法，例如：「三塊五毛錢」可說「三塊五」。

5. Specified and Numbered Nouns

介紹 Specifiers「這」、「那」、「哪」的用法及變音(zhè、zhèi，nà、nèi、nǎ、něi)，並以複述方式練習 Sp (-Nu) -M-N 結構。

6. Price Per Unit

複述練習後，再用代換，轉換方式練習。

7. Sentences with Direct Object and Indirect Object

以複述，問答方式配合實物及動作練習用「給」做動詞的肯定
句，否定句及問句，並做簡單會話。

8. 說明「兩」與「二」用法的不同。

9. 說明並練習 question words「多少」及「幾」的用法。

10. 以「請」為例介紹中文裡的兼語結構(pivotal construction)，並練
習之。

11. 提醒學生當「多」及「少」的意思是「many」及「few」的時
候，「多」，「少」不可單獨使用，前面需加副詞，例如：不可
說「我有多書」應說「我有很多書」。

✺ 測驗題參考

Ⅰ、聽力測驗

1. 你有兩本書，我有三本書，他有一本書。
   問題：我們一共有幾本書？

2. 我給你十五塊錢，他給你五十塊錢。
   問題：我們一共給你多少錢？

3. 一份報兩毛五，我給你一塊錢。
   問題：你找我多少錢？

4. 一枝筆四塊錢，一本書十四塊錢，我買一本書，一枝筆。
   問題：一共多少錢？

5. 一本書三塊五毛錢。
   問題：三本書一共多少錢？

Ⅱ、用 Nu-M-N 寫出下列各數

1. 2(pens)

2. 12(people)

3. 72(books)

4. 5(gentlemen)

5. $20.000

6. $0.20

Ⅲ、用中文從 1 寫到 10

一，二，三，＿＿＿＿，＿＿＿＿，＿＿＿＿，七，＿＿＿＿，＿＿＿＿，十

Ⅳ、翻譯

1. that person

2. those three Chinese books

3. This kind of pen is expensive.

4. How much did you give him?

5. Each book costs ten dollars.

第五課　我家有五個人

❀ 教學重點

1. 介紹中國家庭中家人的稱呼，除生字中已有的父母兄弟姐妹外，也可介紹「大哥」、「二哥」等說法，並讓學生介紹其家人，也可請其他學生聽後轉述。

2. 介紹對同輩朋友之父稱「某伯伯」的用法，也可附帶介紹「伯母」。

3. 老師可補充介紹中國人為子女取名字之原則，例如：包含期望、出生地、排行、五行等等，瞭解中國文化之特色。

4. 介紹普通家庭寵物「貓」、「狗」之名，也可視學生需要補充其他寵物之名稱，引起學生興趣。

5. Specified Nouns Modified by Nouns or Pronouns

   講解「指示代名詞＋數目＋量詞＋名詞」之組合前有名詞或代名詞修飾時，可省略「的」，以代換方式練習。

6. Nouns Modified by Other Nouns Indicating Possession

   講解中文習慣中名詞修飾名詞時，可省略「的」及不可省略「的」之情形，可以複述、代換、問答方式練習。

7. The Whole Before the Part

   介紹「總數」位於「部分」前的結構，可以實物或教室內學生為例，造句及問答練習。

8. 「這些」、「那些」中的「些」已具數字的性質，不同於英文「these」或「those」的用法，例如：「these three books」中文說

「這三本書」不能說「這些三本書」，此點需提醒學生注意。

9. 說明「兒」化韻及名詞帶「兒」的用法。

測驗題參考

I、聽力測驗

1. David 有一個哥哥，兩個弟弟。

   問題：David 的爸爸媽媽有幾個兒子？

2. 我的老師姓張，他太太是法國人，他們有兩個女兒。

   問題：張老師是男的還是女的？

3. 法國東西都很貴，有的我喜歡，有的我不喜歡。

   問題：法國東西我都喜歡嗎？

4. 我那兩個朋友，一個叫 Michael，一個叫 David，David 是 Michael 的弟弟。

   問題：我那兩個朋友，哪個是哥哥？

5. 我妹妹有一隻貓，牠的名字叫 Kitty，我們都很喜歡牠。

   問題：Kitty 是我妹妹的名字嗎？

II、翻譯

1. those children
2. that friend of yours
3. these two pens
4. ten dollars worth of candy
5. a chinese boy

III、填空

1. 那個________ ________ (student) 要買紙。
2. 我________ (family) 有五個人。
3. 我沒有中國________ ________ (name) 。

第六課　我想買一個新照像機

❀ 教學重點

1. 介紹大數字的用法，使學生於購物時，可詢問價錢。

2. Large Numbers

介紹中文大數字「百」、「千」、「萬」、「億」等的用法。提醒學生「萬」以上的說法和英文不一樣，不可直譯。例如：「10000」中文應說「一萬」，不可說「十千」。待熟悉後，並介紹習慣中省略最後的數字單位的說法。例如：「一千三百」可說成「一千三」etc。並介紹「二」在較大數字中，習慣上的讀法。例如：「兩千兩百二十二」。可以實際情形配合黑板的使用，進行問答練習。

3. 「多」as an Indefinate Number

可先列出精確的數字，再練習不定的數字。例如：

$121.00	一百二十一塊錢
$143.00	一百四十三塊錢
$176.00	一百七十六塊錢
$184.00	一百八十四塊錢
⋮	⋮
$1□□.00	一百多塊錢
$1.32	一塊三毛二分錢
$1.45	一塊四毛五分錢

$1.78	一塊七毛八分錢
⋮	⋮
⋮	⋮
$1. □□	一塊多錢

4. Nouns Modified by Stative Verbs

(1) 介紹大多數的單音節 stative verbs 可以直接修飾名詞，例如：「大車」「好錶」等。而兩個或兩個以上音節的 stative verbs，若此 stative verb 可分時，如「好看」，則一定要加「的」才能修飾名詞。若此 stative verb 為不可分時，如「便宜」，則可省略「的」，直接修飾名詞。

(2) 但若 stative verb 前面有副詞時，則需在 stative verb 後面加「的」，才可修飾名詞。

可用複述方式配合實物或圖片練習。

5. 提醒學生由「不知道」，「問」所帶出的附屬子句，例如「我不知道他好不好。」不可說成「我不知道他好嗎？」

可以複述和問答方式練習。

6.「零」的介紹

練習在中文中，含「零」數字的讀法。例如：「1005」該讀成「一千零五」。

7.「夠」的介紹

「夠」只能做謂語，不能做名詞的 modifier。例如：「我的錢不夠」不可說成「我沒有夠錢」。

✺ 測驗題參考

I、聽力測驗

1. 我想買一個照像機，可是有名的照像機都不便宜，便宜的都不好看。

問題：有名的照像機都貴嗎？

2. 他有兩輛汽車，一輛大，一輛小，大的是舊的，小的是新的。

問題：他的新車大不大？

3. 那個大學很大，有一萬多學生，有男學生，也有女學生，可是我不知道有多少位老師。

問題：那個大學有多少學生，我知道嗎？

4. 你要買那個錶，那個錶賣一百五，你給我兩百塊。

問題：請問我找你多少錢？

5. 那個學校有一千兩百個男學生，八百個女學生。

問題：那個學校一共有多少學生？

Ⅱ、選擇

（　）1. (1) 這本書兩多塊錢。(2) 這本書兩塊多錢。(3) 這本書兩塊錢多。

（　）2. (1) 我請他給我一枝筆。(2) 我問他給我一枝筆。(3) 我請問他給我一枝筆。

（　）3. (1) 我不知道她好看嗎。(2) 我不知道她好看不好看。(3) 我不知道她不好看嗎。

（　）4. (1) 這個很大錶很好看的。(2) 這個很大的錶很好看的。(3) 這個很大的錶很好看。

（　）5. (1) 我沒有夠錢。(2) 我有不夠錢。(3) 我的錢不夠。

Ⅲ、用中文寫出下面各數字的讀法

1. 3,200

2. 4,005

3. 1,806

4. 10,000

5. 1,200,000

第七課　你的法文念得真好聽

✿ 教學重點

1. 介紹中文特有之動賓結構的性質用法，及與英文之不同。

2. Verb Object Compounds(VO)

利用圖片介紹本課中的 verb object compounds，再把它們一一寫在黑板上做複述練習。

用 auxiliary verb「喜歡」及「會」要學生說出他們喜歡與不喜歡，會與不會做的事。

待熟練後，再於賓語前加上 modifier 如「中國」「美國」等練習，提醒學生不要發生「說話中國話」、「教書中文」等錯誤。

3. Progressive Aspect

利用圖片及上課時實際情形做問答練習或由學生描述。

4. Verb Object as the Topic

可用問答方式練習，例如：「做什麼有意思？」「做什麼很難？」

5. 好 and 難 as Adverbial Prefixes

舉例說明「好」與「難」做為 adverbial prefixes 時不同的意思，並以問答及轉換（「VO 不／A 難」與「S 不／A 難 V」）方式練習。

6. Predicative Complements(describing the manner or the degree of the action)

19

把三種句型寫在黑板上做複述，轉換及問答練習。

提醒學生「得」為 verb suffix 以避免學生發生「他說話得很慢」的錯誤。

7. 各句型熟練後，可用問答方式利用所學詞彙及句型，與學生們共同編故事。例如：「張先生張太太有幾個兒子？」「他們的大兒子喜歡念書嗎？」「他會不會唱中國歌兒？」「他的歌兒唱得怎麼樣？」（問題越具趣味性越好）……。最後再由學生將所編故事敘述一次。

亦可由一個學生介紹他家人的情形（其他學生可發問），最後由其他學生將所了解的敘述一次。

8. 本課附有兒歌「兩隻老虎」，學生可藉此練習「V 得 SV」結構及複習前面所學句型。

9. 參考註釋比較「會」、「能」及「可以」的用法，並以問答方式練習。

❀ 測驗題參考

Ⅰ、聽力測驗

1. 那些美國學生都很忙，有的在念書，有的在寫字。

   問題：那些學生都在念書嗎？

2. 小李的中文說得很好，可是寫字寫得不好，也寫得太慢。

   問題：小李的中國字，寫得怎麼樣？

3. 王小姐有兩個學生，一個是德國人，一個是法國人，德國學生說中國話好說，法國學生說中國話不好說，可是他們都說中國字不好寫。

   問題：德國學生覺得說中國話難不難？

4. 張太太很會畫畫兒，唱歌兒也唱得很好，她要教她女兒畫畫

兒，可是她女兒說畫畫兒沒意思，她喜歡唱歌兒，她要請她媽媽教她。

問題：張太太的女兒要學什麼？

5. 王太太很會做菜，中國菜，美國菜她都會做，她也會做一點兒法國菜，她說法國菜好吃也好看。

問題：王太太覺得法國菜怎麼樣？

Ⅱ、選擇

（　）1. (1) 他在念英文書呢。(2) 他在念書英文呢。(3) 他在英文念書呢。

（　）2. (1) 她做得真好中國菜。(2) 她做中國菜得真好。(3) 她做中國菜做得很好。

（　）3. (1) 我也想學中文一點兒。(2) 我也想學一點兒中文。(3) 我也想一點兒學中文。

（　）4. (1) 我寫中國字得不好。(2) 我中國字寫得不好。(3) 我不好寫得中國字。

（　）5. (1) 學中文很有意思。(2) 中文很有意思學。(3) 中文學很有意思。

Ⅲ、問答

1. 現在你在做什麼？
2. 你會寫多少中國字？
3. 你的畫兒，畫得怎麼樣？
4. 你覺得念書有意思還是做事有意思？
5. 好聽的歌兒都好唱嗎？

第八課　這是我們新買的電視機

✽ 教學重點

1. 介紹以子句修飾名詞的語法結構，老師需注意學生受母語干擾所產生之錯誤。

2. Nouns Modified by Clauses with 的

   此種結構與英文不同，任何中文的 modifier 都在所修飾的 noun 前面。用實際例子導引學生多作練習。

   例(1) 問：「誰的衣服好看？」待學生回答「某人」後，老師就領說「他的衣服好看。」再延伸至「他買的衣服好看。」、「他穿的衣服好看。」、「他做的衣服好看。」以及加入「都」後的句子。

   例(2) 問：「你喜歡誰畫的畫兒？」待回答後再問「XX 畫的畫兒都好看／貴嗎？」等問題。

   例(3) 問全班學生的興趣、嗜好、特長、統計出「喜歡 XX 的人很多／不多／很少」、「會 XX 的人……」等句子。

3. Specified Nouns Modified by Clauses with 的

   講解加入「這」、「那」等 specifier 的句子，要特別練習「這兩 M」、「那三 M」等複數用法，可用公眾人物為例練習，例如「XX 穿的這件衣服好看。」等等。

4. Clausal Expressions which Have Become Independent Nouns

   需告知此為口語非正式用法，不能用在相當尊重與禮貌的情形。

23

5. 以問答方式練習「為什麼」、「因為…所以……」句子,至熟練為止。

6. 講解「穿」時,老師可親身示範或以圖片說明「穿衣服」、「穿鞋子」、「穿襪子」等,加深學生印象,以免日後與「戴」混淆。

7. 本課句型熟練後,可與前數課作綜合性的遊戲式練習。老師先在黑板上寫「孩子吃糖」類似基本句,學生逐個或分組每次加一詞,以擴展方式延長句子,成為「那個孩子吃美國糖」或「喜歡唱歌的那個中國孩子要吃你買的那些好吃的美國糖」等,作以前老師可先講解、舉例。

❀ 測驗題參考

Ⅰ、聽力測驗

1. 會說法國話的美國人不多,可是愛吃法國飯的美國人不少,愛喝法國酒的也很多。

   問題:美國人都愛吃法國飯嗎?

2. 我有兩個朋友,一個愛唱歌兒,可是不喜歡跳舞;一個愛跳舞,可是不喜歡唱歌兒。

   問題:我這兩個朋友,哪個愛跳舞?

3. 王太太很喜歡做菜,她也很會做菜,朋友們都說王太太做的菜最好吃,所以王先生常常請朋友吃飯。

   問題:為什麼王先生常常請朋友吃飯?

4. 我知道李小姐喜歡買新衣服,可是她不常穿新衣服,我問她為什麼,她說她買新衣服,因為那些衣服真便宜,也好看,可是她喜歡穿舊的。

   問題:李小姐為什麼喜歡買新衣服?

5. 小李是一個賣書的，孩子們都喜歡他賣的書，他們說他的書好看，也不貴，所以他們都喜歡。

問題：小李做什麼事？

II、辨字（注音並造詞）

1. ⟨ 親
　新

2. ⟨ 父
　文

3. ⟨ 為
　寫

4. ⟨ 是
　定

5. ⟨ 唱
　喝

III、將第一個句子改變成修飾子句

1. 那個孩子愛看電視。

他不愛念書。

＿＿＿＿＿＿＿不愛念書。

2. 那些人做生意。

那些人不都有錢。

＿＿＿＿＿＿＿不都有錢。

3. 那兩個學生要買書。

他們說中國話說得很好。

＿＿＿＿＿＿＿說中國話說得很好。

4. 媽媽做中國菜。

我愛吃媽媽的菜。

我愛吃＿＿＿＿＿＿菜。

5. 她穿法國衣服。

那件衣服真好看。

＿＿＿＿＿＿＿真好看。

IV、造句

1. 最

2. 不錯

3. 聽說

4. 所以

5. 常常

第九課　你們學校在哪裡？

❀ 教學重點

1. 介紹地點、位置的說法，以及學生日常生活中家庭、學校內的居室建築名稱，期使學生能流利問答「在何處」、「做何事」等。

2. Place Words

    先介紹句型中所列的三種 place words。

    可用圖片、地圖、實際情形配合問答方式來介紹 place words。

3. 「在」as Main Verb

    句型「N 在 PW」中之 noun 常為 definite。例如：那本書在桌子上。若此 noun 為 indefinite 時，前面常加「有」。例如：有一本書在桌子上。可用複述、問答方式配合實際情形來練習。並讓學生介紹和他日常生活有關的地方的位置。

4. Existence in a Place

    句型「PW 有 N」中之 noun 必為 indefinite。

    此句型熟練後。再綜合練習句型（Ⅱ）、（Ⅲ）。例如：老師說「書在桌子上」。讓學生說「桌子上有書」。

5. 「在」as a Coverb of Location

    提醒學生此句型和英文的不同處，所以不可直譯。例如：「我在家看書。」不可說成「我看書在家。」因為中文中，coverb 的位置常在 main verb 前面。

27

可讓學生利用此句型簡單介紹家人的日常活動。

可用複述、問答方式配合實際情形來練習。

6. Nouns Modified by Place Expressions

提醒學生此句型和英文的不同處，所以不可直譯。例如：「外面的那個人是我弟弟。」不可說成「那個人在外面是我弟弟。」因為中文中的 modifier，無論是 noun、stative verb 或 clause 等，都在所修飾的 noun 前面。

可先用複述法練習，待熟悉後，再以實際情形，圖片配合問答方式練習。亦可寫出教室中的東西或人的位置，再問學生。可綜合練習「在」、「有」的句型。

7. Distance with Coverb「離」

「離」當 coverb 時，是表示位置的意思。

可畫圖練習此一句型。

8. 城市名或國名等專有名詞，後面不用「裡頭」或「裡」。可參考 note 3。

9. 說明「底下」和「下面」的不同

「底下」所表示的位置較精確，表示在一個東西或一個範圍下面。而「下面」所表示的範圍則較廣。

✿ 測驗題參考

Ⅰ、聽力測驗

1. 房子裡有一隻小貓，房子外面有一隻大狗。

   問題：貓在哪裡？

2. 我喜歡在圖書館裡看書，不喜歡在宿舍裡看書，宿舍裡學生太多，他們有的說話，有的唱歌兒，我不能念書。

   問題：為什麼我不喜歡在宿舍裡念書？

3. 我家附近的那家書店，只賣英文書，學校旁邊有一家書店，他們有英文書，也有法文書、中文書。

問題：賣法文書的那家書店在哪兒？

4. 我家離學校很遠，他家離學校很近。

問題：我家離他家遠不遠？

5. 他家離這兒很近，我不知道那家飯館兒在哪兒，可是他說就在他家附近。

問題：那家飯館兒離這兒遠不遠？

II、填空

1. 李先生在我前面，所以我在李先生_____。

2. 筆在書上，所以書在_____。

3. 圖書館就在那個大樓旁邊，所以圖書館離那個大樓很_____。

4. 客廳不在樓上，所以客廳一定在_____。

5. 那個杯子_____有茶，你要喝嗎？

III、做出完整的句子

1. 離，遠

2. 圖書館，看書

3. 那所房子，附近

4. 孩子，小學

5. 什麼地方，好飯館兒

IV、選擇

（　）1. (1)我家不離那所小學很遠。(2)我家離那所小學不很遠。(3)我家從那所小學不很遠。

（　）2. (1)在美國，有很多中國飯館兒。(2)在美國裡，有很多中國飯館兒。(3)裡美國，有很多中國飯館兒。

（　）3. (1)東西的桌子上都是我的。(2)我的東西都是桌子上。(3)桌子上的東西都是我的。

（　）4. (1)我常常在那家飯館兒裡吃飯。(2)我常常吃飯在那家飯館兒裡。(3)我在那家飯館兒裡吃飯常常。

（　）5. (1)有一輛汽車是房子前面。(2)房子前面有一輛汽車。(3)一輛汽車是房子前面。

第十課 我到日本去了

✤ 教學重點

1. 介紹時間詞的位置，與「來」、「去」、「從」、「到」、「坐」的觀念、用法，及表完成之意的「了」句子，表強調之「是……的」句型。

2. Coming and Going

   介紹中文裡「來」與「去」的觀念及 coverbs「到」、「從」及「坐」，做複述及問答練習。

   介紹「來／去＋purpose」及「purpose＋來／去」兩種表示「來」「去」目的的說法。

   將「S 從＿＿＿坐＿＿＿到＿＿＿來／去＿＿＿（來／去）。」句型寫在黑板上配合圖片（飛機、船、汽車等）做綜合練習，使學生熟悉其詞序。

   將學生分組依(1)S (2)從＿＿＿(3)坐＿＿＿(4)到＿＿＿(5)來／去＿＿＿順序，讓學生以接龍方式造句。

3. The Particle 了 Indicating Completion of the Action or the Predicate

   先練習 time words「昨天」、「今天」、「明天」、「早上」、「上午」、「中午」、「下午」、「晚上」及「今天晚上」、「明天早上」等組合。

   介紹 Completed action「了」，並配合 time words 或副詞「已經」練習「S V (O) 了。」及「S V 了 O 了。」句型，除複述外，可讓

31

學生說出他們昨天做什麼了，要求學生給不同的答案。

以動詞「在」或「是」舉例說明「了」表示動作或謂語的「完成」而非英語中的「過去式」。例如：「他昨天在家。」不說「他昨天在家了。」

4. Negation of Completed Action with 沒（有）

介紹此句型後，請學生說出他們昨天沒做的事。

提醒學生此否定句不可用「了」以避免學生發生「我沒念書了」的錯誤。

以轉換及問答方式練習「肯定句」及「否定句」。

以問答方式練習「不 V」及「沒 V」。

5. Negated and Suspended Action with 還沒……（呢）

介紹此句型後，請學生說出他們今天還沒做的事。

用「S 已經 V（了）O 了。」及「S 還沒 VO 呢。」句型做轉換練習。

6. Types of Questions of Completed Action

介紹四種問句形式，並由學生相互做問答練習。可是在台灣比較不常使用「SVO 了沒 V。」。

7. 「是……的」Construction Stressing Circumstances Connected with the Action of the Main Verb

介紹「（不）是……的」句型，並舉例比較 completed action 「了」句型及「是……的」句型。提醒學生「是……的」句型用於已發生的事，除在動詞「來」、「去」的句子中可強調「來」、「去」的目的外，「是……的」僅用以強調 S V O 句型中主要動詞前面的部分，如：subject, time when, place 及其他 coverb phrases，而主要動詞後的 Nu-M 及 Object 不用此句型強調。

S	Time When	Place	CV—N	V	Nu—M	O
(1)	(2)	(3)	(4)	(5)	X	X

除複述及問答練習外，老師可說一簡單的敘述句如「我買筆了。」、「他到法國去了」，學生用「是……的」句型發問，老師一一回答後，再由學生敘述一次。

此句型之使用對學生較難，應多加練習，使其熟悉。

❀ 測驗題參考

Ⅰ、聽力測驗

1. 聽說日本很好玩，所以我想去看看。

   問題：我為什麼想去日本？

2. 他天天走路去學校，因為學校附近不能停車。

   問題：他為什麼不開車到學校去？

3. 張小姐是昨天晚上從美國坐船回來的。

   問題：張小姐是怎麼回來的？

4. 他今天早上沒跟我一塊兒去圖書館，他在家看書。

   問題：他今天早上在哪裡？

5. 我還沒寫字，可是他寫了。

   問題：誰還沒寫字？

Ⅱ、重組

1. 坐公車 他 學校 了 去 。
2. 走路 我家 是 來 的 他 。
3. 吃 呢 我 沒 飯 還 。
4. 已經 買 他 了 書 。
5. 去 我 美國 英文 學 要 。

第十一課　你幾點鐘下課？

✖ 教學重點

1. 介紹時間，期使學生能說出一天的作息時間。

2. Time Expressions by the Clock

   (1) 以時鐘為教具講解 time when，特別練習「差」與「過」的說法。

   (2) 在黑板上標明幾點幾分至幾點幾分，讓學生說出 time spent。

3. Time When Precedes the Verb

   先將句型寫在黑板上，讓學生熟記結構，並以問答方式詢問學生的生活習慣，讓學生都能流利說出自己一天的時間表。

4. Time Spent Stands after the Verb

   強調與 time when 位置不同，從複述至問答練習。

   「S (A) V Time Spent 的 O」與「S (A) V O, V Time Spent」兩句型作轉換練習。

5. S V 了 O as a Dependent Clause

   講解「過去」、「習慣」、「未來」的三種不同形式，先分開練習，再綜合練習。

6. 以問答方式，用學生親身經驗、興趣發問，練習「吧」的用法，例如：「你喜歡吃中國飯吧？」、「你不累吧？」。

7. 多以各種情境的句子，練習中國人習慣說的「沒問題」。

8. 藉「一點半」、「半個鐘頭」等練習「半」的用法，讓學生清楚「一半」、「半 M N」、「Nu M 半 N」等。
9. 練習「上」、「下」動詞的用法，熟練「上課」、「下車」等詞，並以圖片說明學生易混淆的「樓上」、「上樓」的不同。

測驗題參考

I、聽力測驗

1. 我今天下午從一點半到四點有課。
   問題：我今天下午有幾個鐘頭的課？
2. 現在差一刻兩點。
   問題：現在幾點幾分？
3. 昨天夜裡我很晚睡覺，所以今天中午一定要休息。
   問題：為什麼今天中午我一定要休息？
4. 今天晚上沒事，所以我想跟朋友一塊兒去看電影。
   問題：今天晚上我想做什麼？
5. 他每天早上六點半起來，七點吃早點，吃了早飯，就開車到公司去。
   問題：他每天早上怎麼去公司？

II、選擇

1. 我每天學（(1)兩點鐘(2)兩個鐘頭）的中文。…………（　）
2. 我有十塊錢，那枝筆十五塊錢，還（(1)差(2)過）五塊錢。
   ……………………………………………………………（　）
3. 他朋友（(1)幾點鐘(2)幾個鐘頭）來？…………………（　）
4. 學校八點十分上課，現在八點半了，早（(1)差(2)過）了。
   ……………………………………………………………（　）

第十二課　我到外國去了八個多月

教學重點

1. 介紹四季、氣候，期使學生能簡單介紹老家的天氣

2. Time Expressions with Year, Month, Day, and Week

    (1) Time When with Year, Month, Day, and Week

    以日、月曆來練習上述說法，並練習「年」、「月」、「日」、「星期」的組合。提醒學生，中文中的「時間」、「地址」的次序是由大到小。待熟悉後，再配合實際情形來問學生或讓學生發問 time when 問句。

    (2) Time Spent with Year, Month, Day and Week

    先熟練上述的說法。提醒學生「年」、「天」不需用量詞「個」。可用實際情形，綜合 time when 和 time spent 的句型，做問答練習。並應強調「三個月」和「三月」的不同；「星期幾」和「幾個星期」的不同，並多做練習。

3. Single and Double 了 with Quantified Objects

    介紹此句型中，single 了和 double 了的不同處，並做複述練習。待熟練後，配合學生的實際情形來做問答練習。

4. Single and Double 了 with Time Spent

    需多做「S (A) FV- 了 Time Spent（的）O（了）」和「S FV O, V 了 Time Spent（了）」的轉換練習。

5. 為避免學生對「S V O 了」句型與「S V 了 Nu-M／Time Spent O」句型混淆，可用問答方式做綜合練習。

例如：Q：你昨天寫字了嗎？A：我昨天寫字了。
Q：你昨天寫了多少字？A：我昨天寫了一百個字。
Q：你上星期上課了嗎？A：我上星期上課了。
Q：你上星期上了幾天的課？A：我上星期上了五天的課。

6. 利用月曆，給學生「上個月」、「下個月」、「上個星期」、「下個星期」中，「上」、「下」的觀念。

一月

日	一	二	三	四	五	六	
	1	2	3	4	5	6	
7	8	9	10	11	12	13	↑上個星期
14	15	16	17	18	19	20	→這個星期
21	22	23	24	25	26	27	↓下個星期
28	29	30	31				

7. 可以圖片介紹四季、天氣。以地圖介紹歐洲各國的位置。
8. 讓學生分組以四季、天氣和本課的句型，做簡單的會話。
9. 以「怎麼辦」作問答練習，問句盡量選實際、幽默的問題。

測驗題參考

I、聽力測驗

1. 今天是十二月二十五號，星期六。

   問題：請問聖誕節是星期幾？

2. 到歐洲旅行，夏天去最好。因為冬天太冷，春天常下雨。

   問題：為什麼夏天去歐洲最好？

3. 明天要考試，所以今天晚上我應該在家看書。

問題：為什麼今天晚上我不可以去玩兒？

4. 他去年秋天去歐洲旅行，可是沒去德國。

問題：他去年秋天去德國旅行沒有？

5. 這兒的天氣春天最好。夏天太熱，冬天太冷，秋天常下雨。

問題：這兒的天氣，什麼時候最好？

II、重組

1. 幾天　有　一個　星期　？

2. 喝　兩杯酒了　我已經　了　。

3. 去年　學　兩個月的中文　了　他　。

4. 八號　十月　一九八〇年　來的　我是　。

III、選擇

1. 他學了（(1) 三個月 (2) 三月）的法文了。……………（　）

2. 一個星期有（(1) 幾個天 (2) 幾天）？………………（　）

3. 他去美國（(1) 五個年 (2) 五年）了。………………（　）

4. 我有好幾（(1) 枝 (2) 本）筆。……………………（　）

國家圖書館出版品預行編目資料

新版實用視聽華語教師手冊 / 國立臺灣師範大學主編. – 二版. –
臺北縣新店市： 正中, 2008. 2
　　冊；19×26公分

　　ISBN 978-957-09-1783-3（第1冊：平裝）
　　ISBN 978-957-09-1784-0（第2冊：平裝）
　　ISBN 978-957-09-1785-7（第3冊：平裝）
　　ISBN 978-957-09-1786-4（第4冊：平裝）
　　ISBN 978-957-09-1787-1（第5冊：平裝）

　　1. 漢語　2. 讀本
802.86　　　　　　　　　　　　　　　　96021890

新版《實用視聽華語》教師手冊（一）

主　編　者◎國立臺灣師範大學
編輯委員◎王淑美・盧翠英・陳夜寧
召　集　人◎葉德明
著作財產權人◎教育部
地　　　址◎(100)臺北市中正區中山南路5號
電　　　話◎(02)7736-7990
傳　　　真◎(02)3343-7994
網　　　址◎http://www.edu.tw

發　行　人◎蔡繼興
出版發行◎正中書局股份有限公司
地　　　址◎臺北縣(231)新店市復興路43號4樓
電　　　話◎(02)8667-6565
傳　　　真◎(02)2218-5172
郵政劃撥◎0009914-5
網　　　址◎http://www.ccbc.com.tw
　　　　　E-mail：service@ccbc.com.tw
門　市　部◎臺北縣(231)新店市復興路43號4樓
電　　　話◎(02)8667-6565
傳　　　真◎(02)2218-5172

香港分公司◎集成圖書有限公司－香港皇后大道中
　　　　　　283號聯威商業中心8字樓C室
TEL：(852)23886172-3・FAX：(852)23886174
美國辦事處◎中華書局－135-29 Roosevelt Ave.
　　　　　　Flushing,NY 11354 U.S.A.
TEL：(718)3533580・FAX：(718)3533489
日本總經銷◎光儒堂－東京都千代田區神田神保町
　　　　　　一丁目五六番地
TEL：(03)32914344・FAX：(03)32914345

政府出版品展售處

教育部員工消費合作社
地　　　址◎(100)臺北市中正區中山南路5號
電　　　話◎(02)23566054
五南文化廣場
地　　　址◎(400)臺中市中山路6號
電　　　話◎(04)22260330#20、21

國立教育資料館
地　　　址◎(106)臺北市大安區和平東路1段181號
電　　　話◎(02)23519090#125

行政院新聞局局版臺業字第0199號(10580)
出版日期◎西元2008年2月二版一刷
　　　　　西元2008年8月二版二刷
ISBN　978-957-09-1783-3
定價／75元
著作人：王淑美・盧翠英・陳夜寧

分類號碼◎802.00.076

GPN 1009700091

著作財產權人：教育部